AF205453

Impressum
Verlag: BABADADA GmbH, Nedderfeld 112 , 22529 Hamburg
Geschäftsführer / Verlagsleitung: Harald Hof
Druck: Books on Demand GmbH, In de Tarpen 42, 22848 Norderstedt

Imprint
Publisher: BABADADA GmbH, Nedderfeld 112 , 22529 Hamburg, Germany
Managing Director / Publishing direction: Harald Hof
Print: Books on Demand GmbH, In de Tarpen 42, 22848 Norderstedt

学校

school

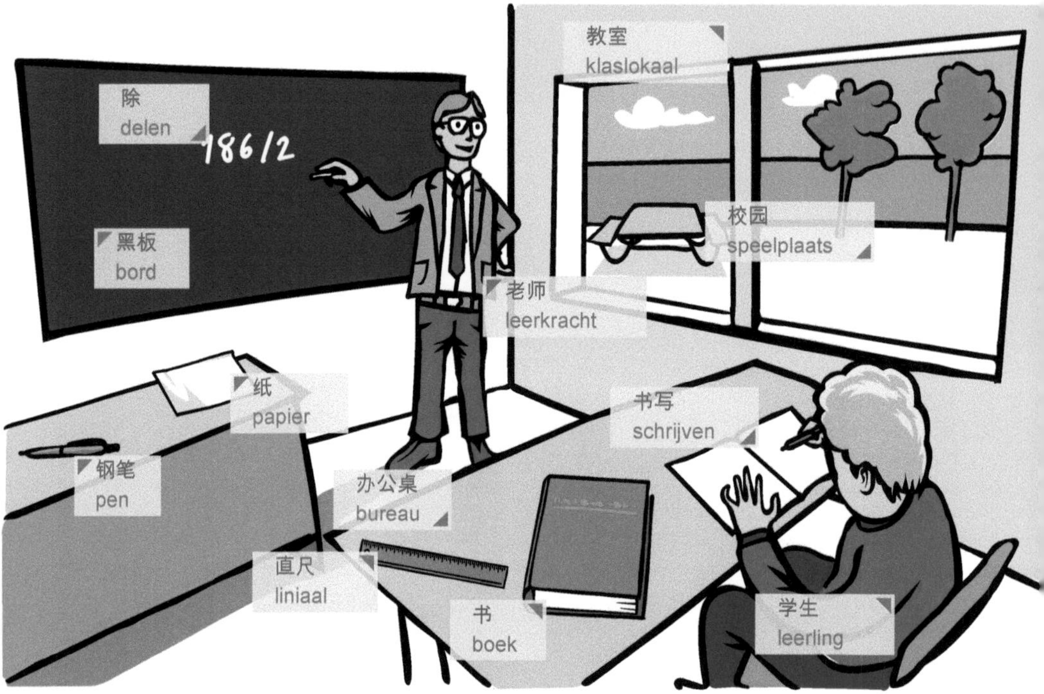

教室
klaslokaal
除
delen
186/2
黑板
bord
校园
speelplaats
老师
leerkracht
纸
papier
书写
schrijven
钢笔
pen
办公桌
bureau
直尺
liniaal
书
boek
学生
leerling

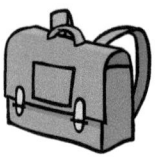

书包

schooltas

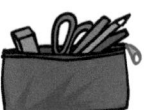

铅笔盒

pennenzak

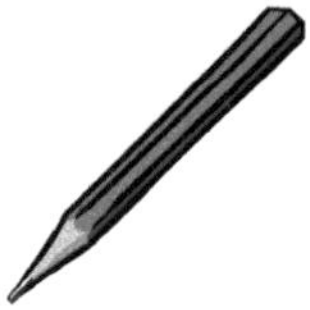

铅笔

potlood

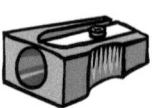

卷笔刀

puntenslijper

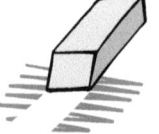

橡皮擦

gom

画板

tekenblok

图画
tekening

画笔
verfborstel

颜料盒
verfdoos

剪刀
schaar

胶水
lijm

练习册
werkboek

家庭作业
huiswerk

数字
nummer

加
optellen

减
aftrekken

乘
vermenigvuldigen

计算
rekenen

字母
letter

字母表
alfabet

字
woord

课文

tekst

读

Lezen

粉笔

krijt

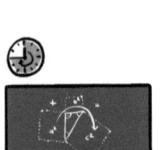

上课

les

登记

klassenboek

考试

examen

证书

certificaat

校服

schooluniform

教育

onderwijs

百科全书

encyclopedie

大学

universiteit

显微镜

microscoop

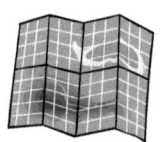

地图

kaart

废纸筐

papiermand

旅行
reis

酒店
hotel
Grand
青年旅社
jeugdherberg
ROOMS
外币兑换处
wisselkantoor
€CHANGE
手提箱
koffer
汽车
auto

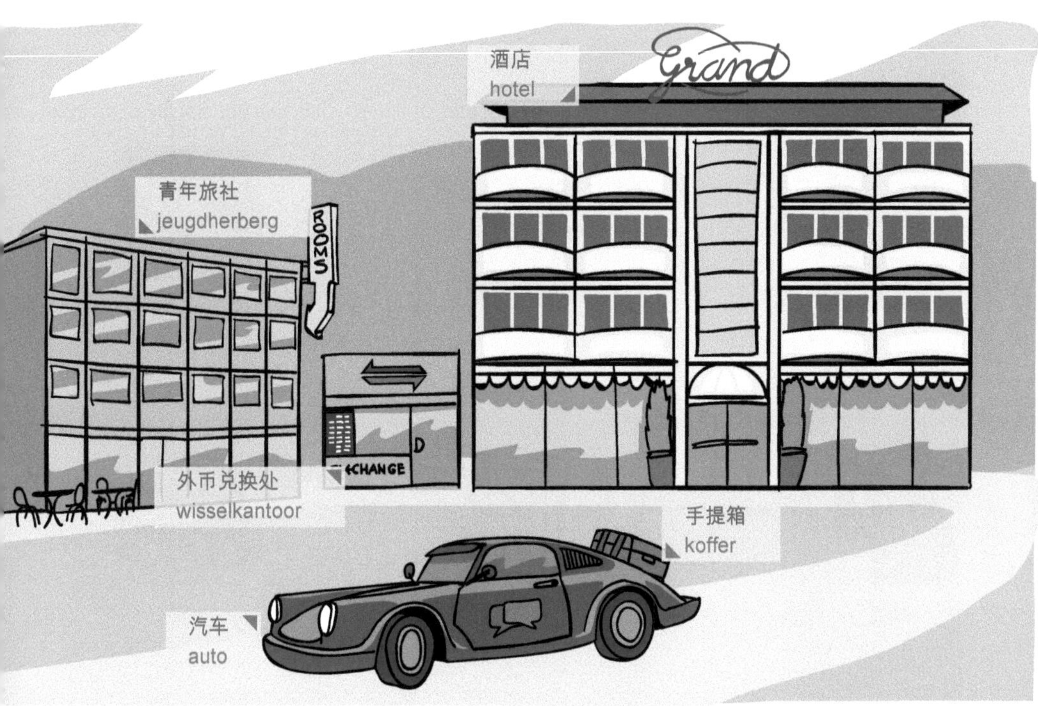

语言

Taal

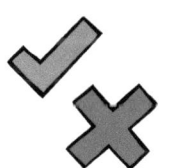

是/否

ja / nee

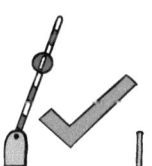

好的

oké

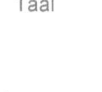

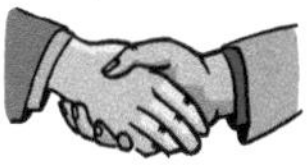

您好

hallo

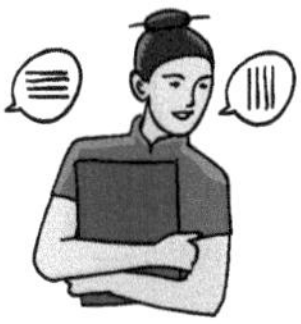

翻译员

vertaler

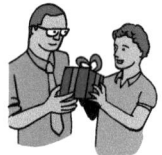

谢谢

bedankt

.....多少钱？

Hoeveel kost ...?

我不明白

Ik begrijp het niet

问题

probleem

晚上好！

Goedenavond!

早上好！

Goedemorgen!

晚安！

Goedenavond!

再见

Tot ziens

方向

richting

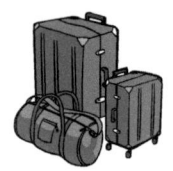

行李

bagage

包

zak

双肩包

rugzak

客人

gast

房间

kamer

睡袋

slaapzak

帐篷

tent

旅游信息

toeristeninformatie

海滩

strand

信用卡

kredietkaart

早餐

ontbijt

午餐

lunch

晚餐

avondeten

票

ticket

电梯

lift

邮票

postzegel

边界

grens

海关

douane

大使馆

ambassade

签证

visum

护照

paspoort

交通运输

transport

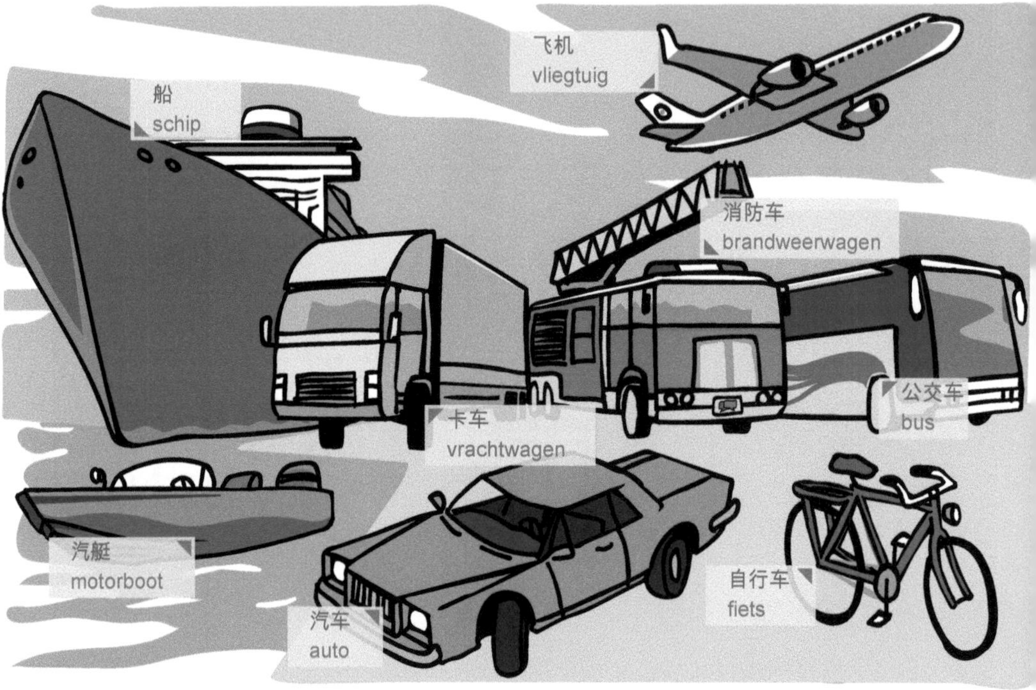
飞机
vliegtuig
船
schip
消防车
brandweerwagen
公交车
bus
卡车
vrachtwagen
汽艇
motorboot
自行车
fiets
汽车
auto

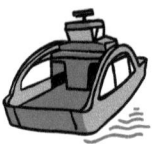

摆渡船

veerboot

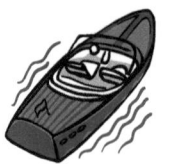

小船

boot

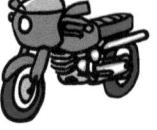

摩托车

motor

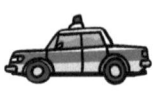

警车

politiewagen

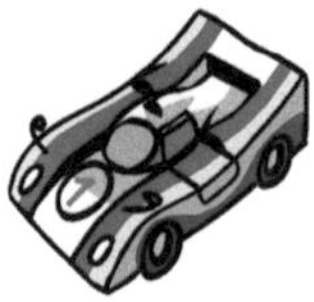

赛车

racewagen

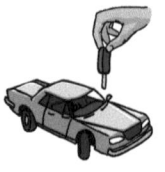

租车

huurauto

拼车
carpoolen

拖车
sleepwagen

垃圾车
vuilniswagen

发动机
motor

汽油
benzine

加油站
benzinestation

交通标志
verkeersbord

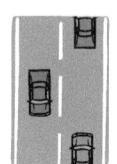

交通
verkeer

交通堵塞
file

停车场
parkeerplaats

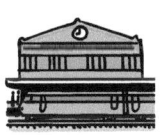

火车站
station

轨道
sporen

火车
trein

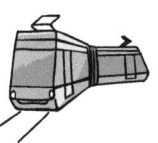

电车
tram

货车
wagon

直升机

helikopter

机场

luchthaven

塔

toren

乘客

passagier

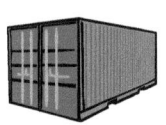

集装箱

container

纸板箱

karton

手推车

kar

篮子

mand

起飞/降落

opstijgen / landen

城市

stad

村庄

dorp

市中心

stadscentrum

房子

huis

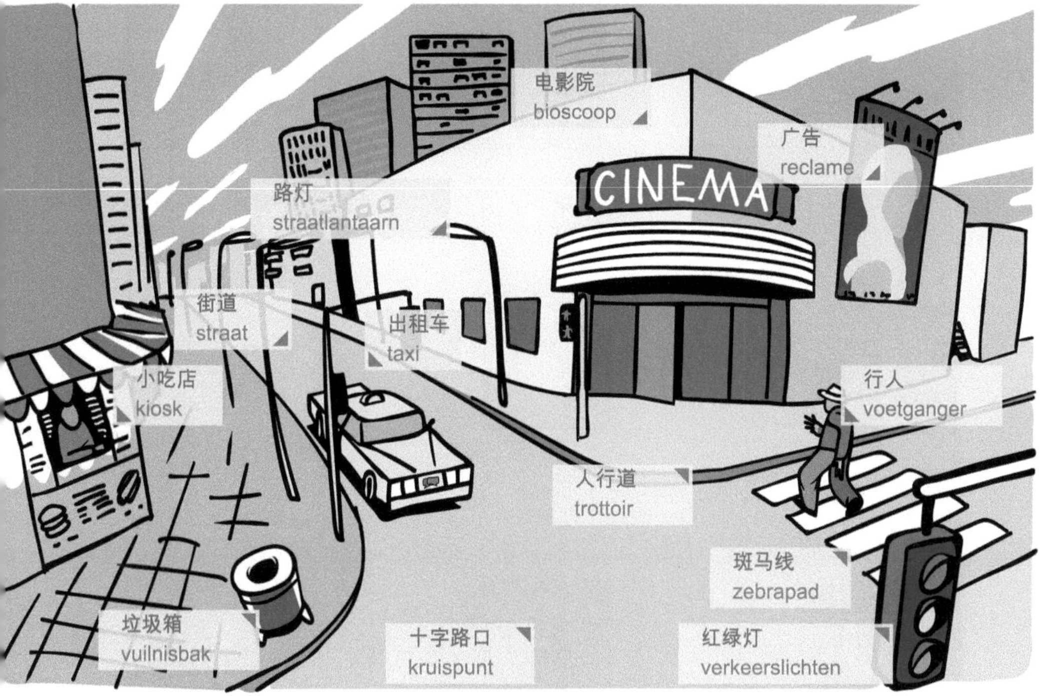

电影院
bioscoop

广告
reclame

路灯
straatlantaarn

CINEMA

街道
straat

出租车
taxi

小吃店
kiosk

行人
voetganger

人行道
trottoir

斑马线
zebrapad

垃圾箱
vuilnisbak

十字路口
kruispunt

红绿灯
verkeerslichten

小屋
hut

公寓
woning

火车站
station

市政厅
stadshuis

博物馆
museum

学校
school

大学

universiteit

银行

bank

医院

ziekenhuis

酒店

hotel

药房

apotheek

办公室

kantoor

书店

boekwinkel

商店

winkel

花店

bloemenwinkel

超市

supermarkt

市场

markt

百货商店

warenhuis

鱼店

vishandelaar

购物中心

winkelcentrum

海港

haven

公园

park

长凳

bank

桥

brug

楼梯

trap

地铁

metro

隧道

tunnel

公交车站

bushalte

酒吧

bar

餐馆

restaurant

邮筒

brievenbus

路标

straatnaambord

停车计时器

parkeermeter

动物园

zoo

游泳馆

zwembad

清真寺

moskee

农场

boerderij

污染

milieuverontreiniging

墓地

kerkhof

教堂

kerk

操场

speelplaats

寺庙

tempel

地形

landschap

树叶
blad

指示牌
wegwijzer

路
weg

草地
weide

石头
steen

徒步旅行者
wandelaar

树
boom

河
rivier

草
gras

花
bloem

峡谷

vallei

山

heuvel

湖

meer

森林

bos

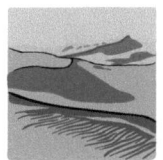

沙漠

woestijn

火山

vulkaan

城堡

kasteel

彩虹

regenboog

蘑菇

paddenstoel

棕榈树

palmboom

蚊子

mug

苍蝇

vlieg

蚂蚁

mier

蜜蜂

bijl

蜘蛛

spin

甲虫

kever

青蛙

kikker

松鼠

eekhoorn

刺猬

egel

野兔

haas

猫头鹰

uil

鸟

vogel

天鹅

zwaan

野猪

wild zwijn

鹿

hert

麋鹿

eland

水坝

dam

风力发电机

windturbine

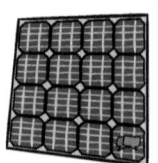

太阳能电池板

zonnepaneel

气候

klimaat

服务员
ober

菜单
menu

椅子
stoel

披萨饼
pizza

汤
soep

餐具
bestek

桌布
tafelkleed

前菜
voorgerecht

主菜
hoofdgerecht

甜点
nagerecht

饮料
drankjes

食物
eten

瓶子
fles

快餐

fastfood

街边小吃

street food

茶壶

theepot

糖盒

suikerpot

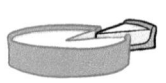

一份饭菜

portie

意式咖啡机

espressomachine

高脚椅

kinderstoel

账单

rekening

托盘

dienblad

刀

mes

餐叉

vork

勺子

lepel

茶匙

theelepel

餐巾

serviette

玻璃杯

glas

碟子

bord

汤盘

soepbord

碟子

schoteltje

酱

saus

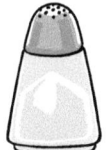

盐瓶

zoutvatje

胡椒磨

pepermolen

醋

azijn

食用油

olie

调味料

kruiden

番茄酱

ketchup

芥末

mosterd

蛋黄酱

mayonaise

超市

supermarkt

特价
aanbieding
FOR
顾客
klant
乳制品
zuivelproducten
水果
fruit
购物车
winkelwagen

BUTCHERS

肉铺

slagerij

BAKERY

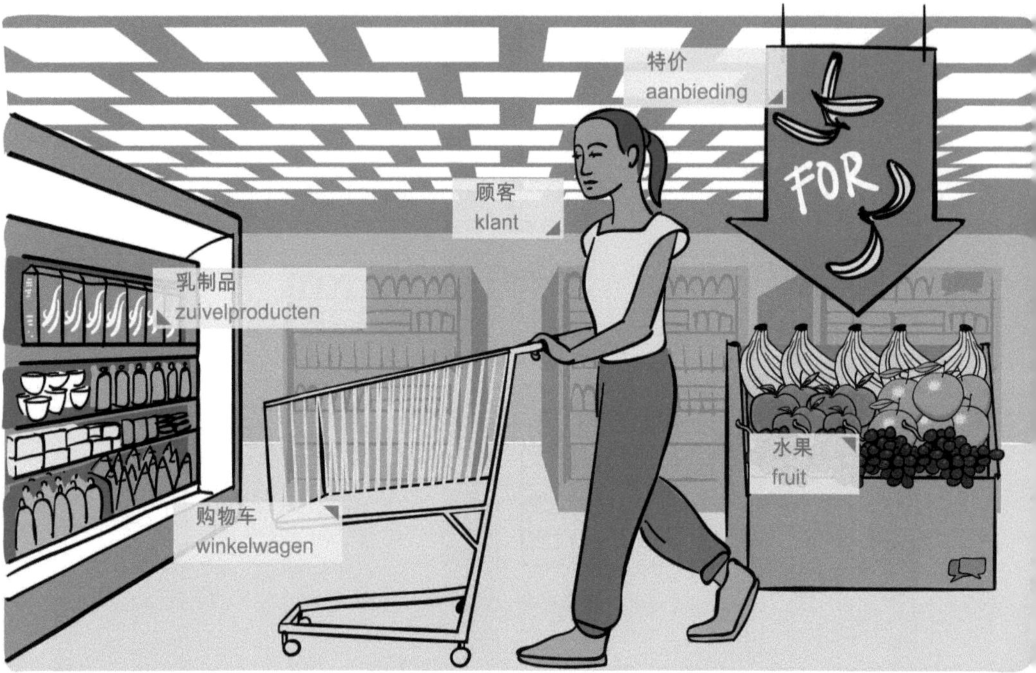

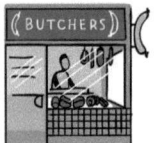

面包房

bakkerij

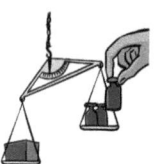

称重

wegen

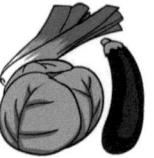

蔬菜

groenten

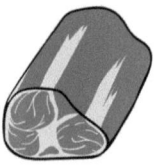

肉

vlees

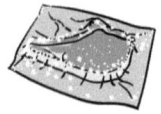

冷冻食品

diepvriesvoedsel

冷盘
charcuterie

罐头食品
conserven

洗衣粉
waspoeder

甜食
snoep

日用品
huishoudproducten

清洁用品
schoonmaakproducten

销售员
verkoopster

收银机
kassa

收银员
kassier

购物清单
boodschappenlijstje

开放时间
openingstijden

钱包
portefeuille

信用卡
kredietkaart

袋子
tas

塑料袋
plastieken zakje

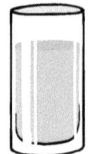

水

water

果汁

sap

牛奶

melk

可乐

cola

红酒

wijn

啤酒

bier

酒

alcohol

可可

cacao

茶

thee

咖啡

koffie

意式浓缩咖啡

espresso

卡布奇诺

cappuccino

香蕉

banaan

苹果

appel

橙子

sinaasappel

西瓜

meloen

柠檬

citroen

胡萝卜

wortel

大蒜

knoflook

竹子

bamboe

洋葱

ajuin

蘑菇

champignon

坚果

noten

面条

noodles

意大利面条

spaghetti

米饭

rijst

沙拉

salade

薯条

frieten

炸土豆

gebakken aardappelen

披萨饼

pizza

汉堡包

hamburger

三明治

sandwich

炸猪排

kalfslapje

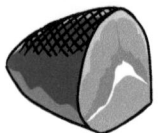

火腿

ham

萨拉米

salami

香肠

worst

鸡肉

kip

烤肉

braden

鱼

vis

燕麦片

havervlokken

穆兹利

muesli

玉米片

cornflakes

面粉

bloem

羊角面包

croissant

面包卷

pistolet

面包

brood

烤面包

toast

饼干

koekjes

黄油

boter

凝乳

kwark

蛋糕

taart

蛋

ei

煎蛋

spiegelei

奶酪

kaas

冰激凌

ijs

糖

suiker

蜂蜜

honing

果酱

confituur

巧克力酱

choco

咖喱饭

curry

农场
boerderij

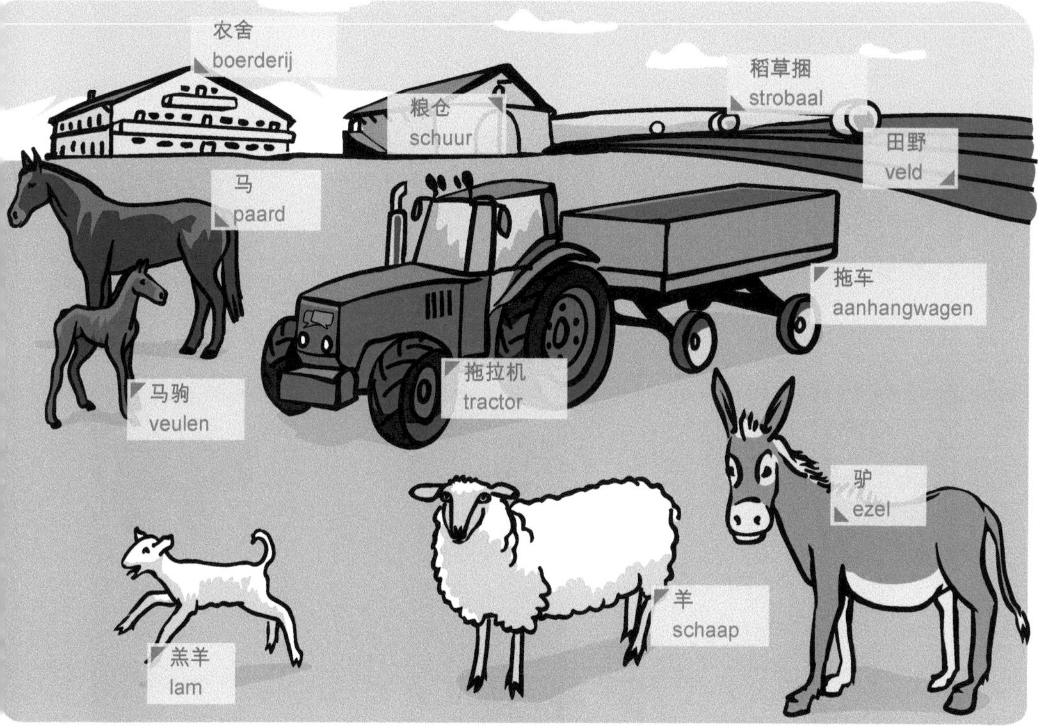

农舍
boerderij
粮仓
schuur
稻草捆
strobaal
田野
veld
马
paard
拖车
aanhangwagen
拖拉机
tractor
马驹
veulen
驴
ezel
羊
schaap
羔羊
lam

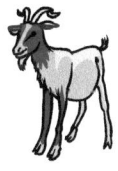

山羊

geit

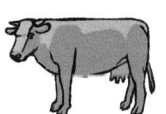

奶牛

koe

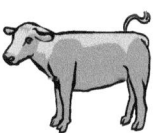

牛犊

kalf

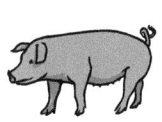

猪

varken

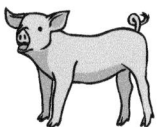

小猪

biggetje

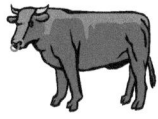

公牛

stier

鹅
gans

鸭
eend

小鸡
kuiken

母鸡
kip

公鸡
haan

鼠
rat

猫
kat

老鼠
muis

牛
os

狗
hond

狗屋
hondenhok

花园浇水软管
tuinslang

洒水壶
gieter

长柄大镰刀
zeis

犁
ploeg

镰刀

sikkel

锄头

schoffel

长柄草耙

hooivork

斧头

bijl

独轮手推车

kruiwagen

饲料槽

trog

牛奶罐

melkkan

麻布袋

zak

栅栏

hek

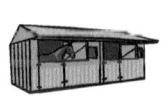

马厩

stal

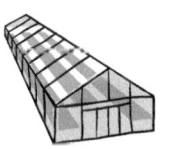

温室

broeikas

土壤

bodem

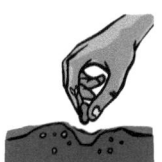

种子

zaad

肥料

mest

联合收割机

maaidorser

收割
oogsten

收割
oogst

山药
yam

小麦
tarwe

大豆
soja

土豆
aardappel

玉米
maïs

油菜籽
koolzaad

果树
fruitboom

树薯
maniok

谷物
graan

房子
huis

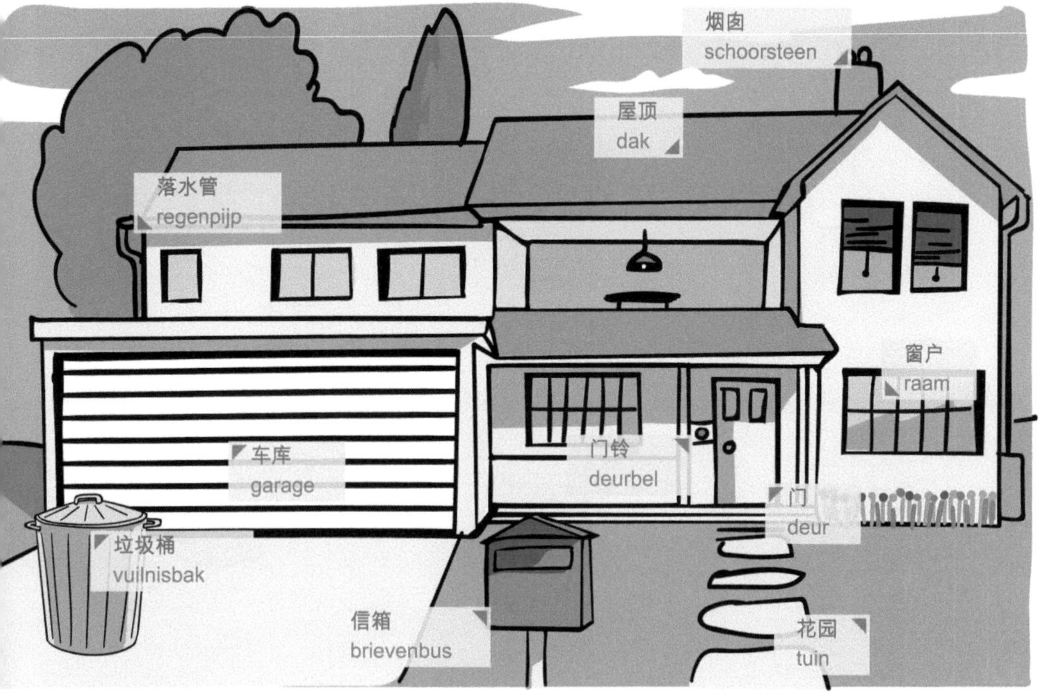
烟囱
schoorsteen
屋顶
dak
落水管
regenpijp
窗户
raam
车库
garage
门铃
deurbel
门
deur
垃圾桶
vuilnisbak
信箱
brievenbus
花园
tuin

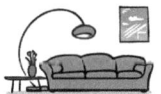

客厅

woonkamer

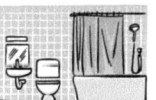

浴室

badkamer

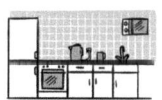

厨房

keuken

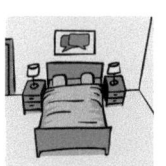

卧室

slaapkamer

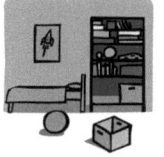

儿童房

kinderkamer

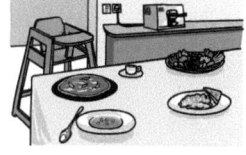

餐厅

eetkamer

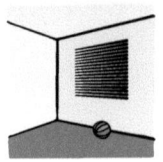

地板

vloer

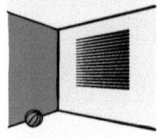

墙壁

muur

吊顶

plafond

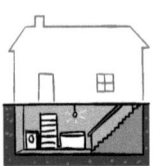

地窖

kelder

桑拿

sauna

阳台

balkon

露台

terras

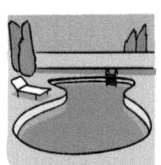

游泳池

zwembad

割草机

grasmaaier

被单

dekbedovertrek

床罩

dekbed

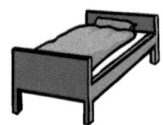

床

bed

扫帚

bezem

水桶

emmer

开关

schakelaar

客厅
woonkamer

壁纸
behangpapier
照片
foto
台灯
lamp
搁架
schap
橱柜
kast
电视机
televisie
壁炉
open haard
花
bloem
垫子
kussen
沙发
sofa
花瓶
vaas
遥控器
afstandsbediening

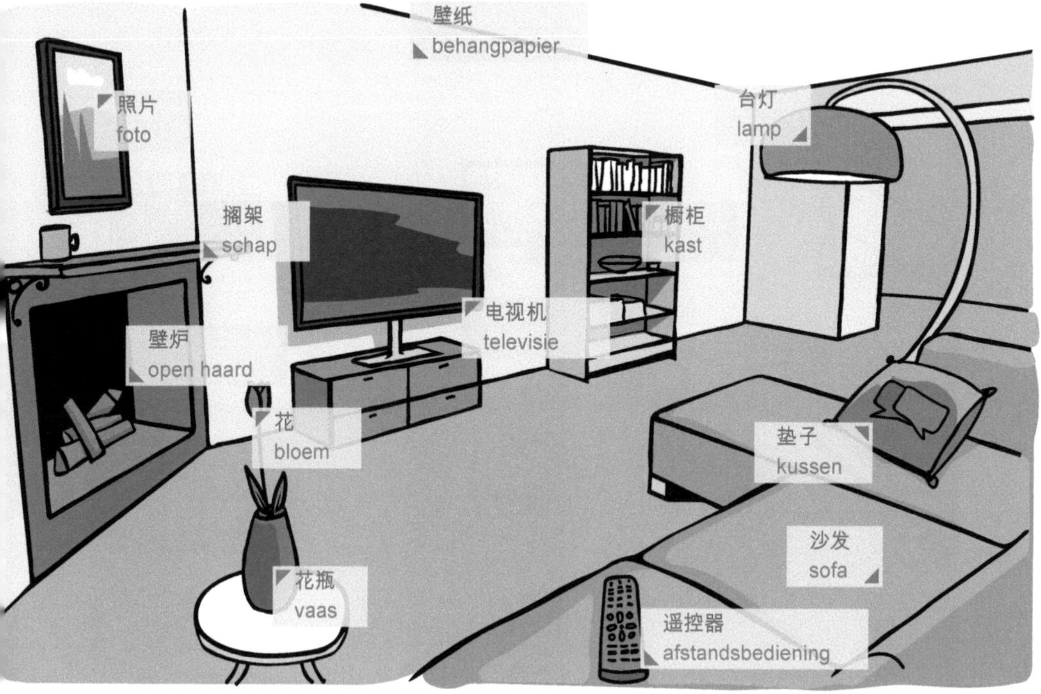

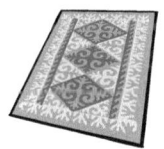

地毯

mat

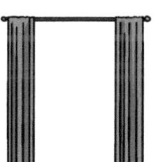

窗帘

gordijn

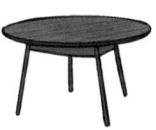

餐桌

tafel

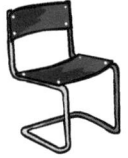

椅子

stoel

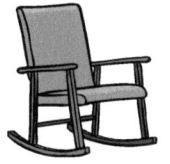

摇椅

schommelstoel

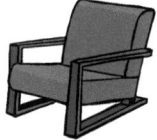

扶手椅

fauteuil

书
boek

毯子
deken

装饰品
decoratie

木柴
brandhout

电影
film

高保真音响
stereo-installatie

钥匙
sleutel

报纸
krant

油画
schilderij

海报
poster

收音机
radio

笔记本
notitieboekje

吸尘器
stofzuiger

仙人掌
cactus

蜡烛
kaars

厨房

keuken

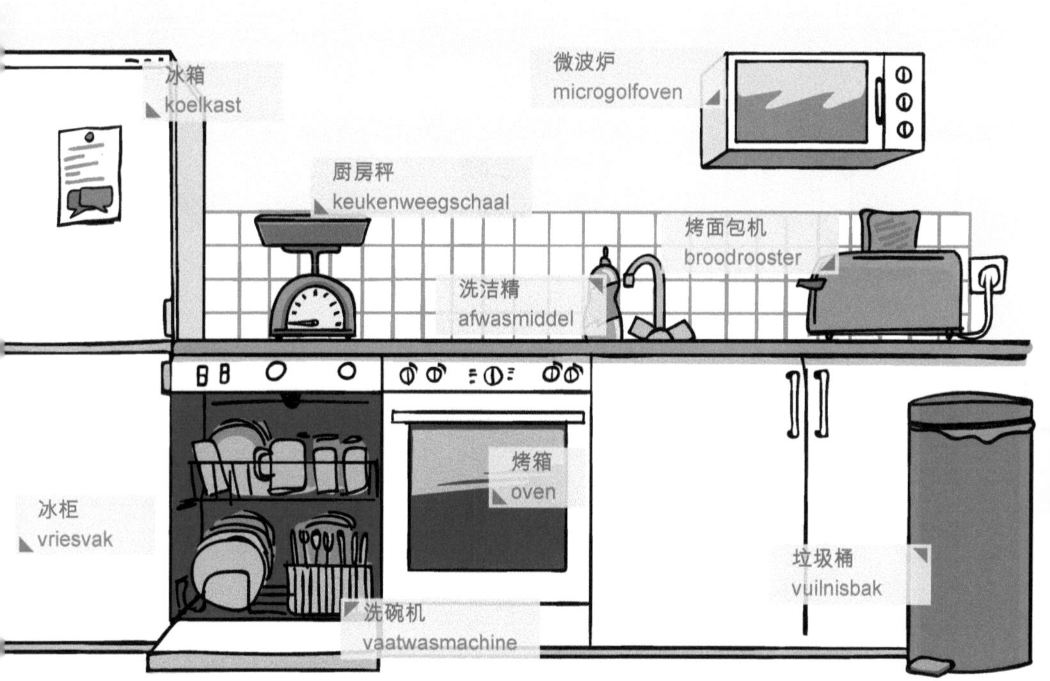

冰箱
koelkast
微波炉
microgolfoven
厨房秤
keukenweegschaal
烤面包机
broodrooster
洗洁精
afwasmiddel
烤箱
oven
冰柜
vriesvak
垃圾桶
vuilnisbak
洗碗机
vaatwasmachine

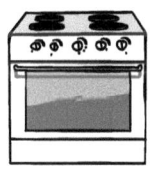

炊具

fornuis

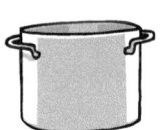

锅

pot

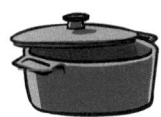

铸铁锅

gietijzeren pot

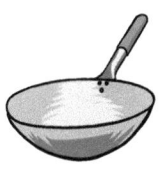

炒锅

wok / kadai

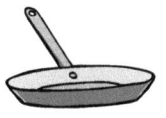

平底锅

pan

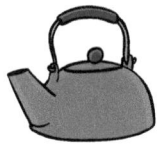

水壶

waterkoker

蒸锅

stoomkoker

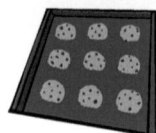

烤盘

bakplaat

陶瓷锅

servies

马克杯

mok

碗

kom

筷子

eetstokjes

长柄勺

pollepel

铲子

spatel

搅拌器

garde

滤网

vergiet

筛子

zeef

磨碎机

rasp

研钵

mortier

烧烤

barbecue

明火

haardvuur

菜板

snijplank

擀面杖

deegrol

开瓶器

kurkentrekker

罐子

blik

开罐器

blikopener

隔热手套

pannenlap

水槽

gootsteen

刷子

borstel

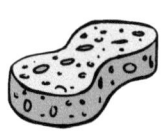

海绵

spons

搅拌机

blender

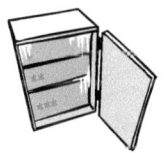

冷藏箱

vriezer

奶瓶

papfles

水龙头

kraan

浴室

badkamer

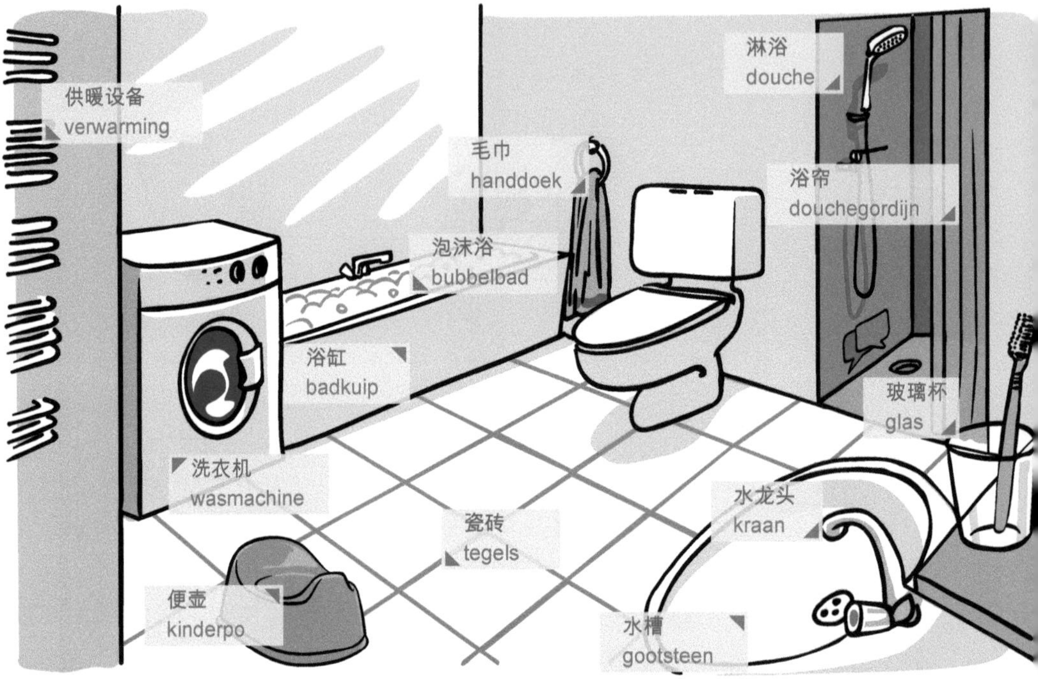

供暖设备
verwarming
毛巾
handdoek
淋浴
douche
浴帘
douchegordijn
泡沫浴
bubbelbad
浴缸
badkuip
玻璃杯
glas
洗衣机
wasmachine
水龙头
kraan
瓷砖
tegels
便壶
kinderpo
水槽
gootsteen

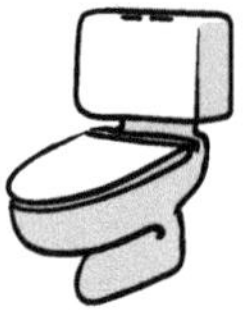

厕所

toilet

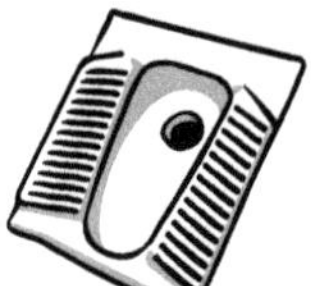

蹲便器

hurktoilet

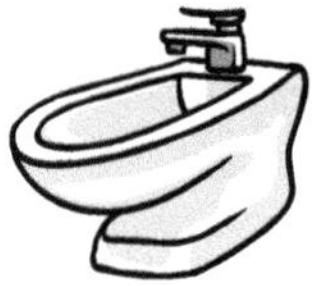

坐浴器

bidet

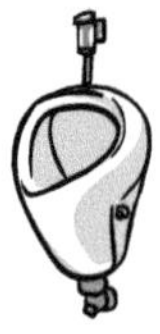

小便池

urinoir

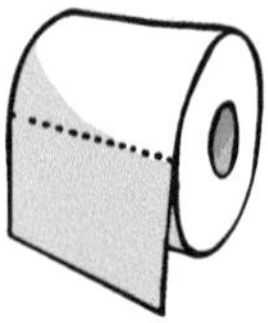

厕纸

toiletpapier

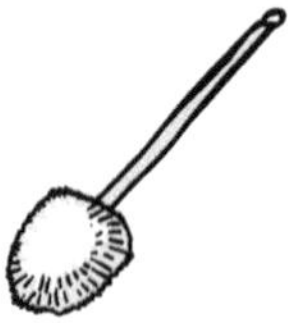

马桶刷

toiletborstel

牙刷
tandenborstel

牙膏
tandpasta

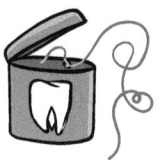

牙线
flosdraad

洗
wassen

手持式喷淋头
handdouche

冲洗器
bidethanddouche

洗脸盆
waskom

擦背刷
rugborstel

肥皂
zeep

沐浴露
douchegel

洗发水
shampoo

法兰绒
washandje

排水
afvoer

乳霜
crème

除臭剂
deodorant

镜子

spiegel

手镜

handspiegel

剃须刀

scheermes

剃须泡沫

scheerschuim

须后水

aftershave

梳子

kam

刷子

borstel

吹风机

haardroger

喷发定型剂

haarlak

化妆品

make-up

唇膏

lippenstift

指甲油

nagellak

化妆棉

watten

指甲剪

nagelknipper

香水

parfum

洗漱包

toilettas

凳子

kruk

计重秤

weegschaal

浴袍

badjas

橡胶手套

latex handschoenen

卫生棉条

tampon

卫生巾

maandverband

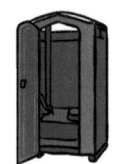

化学厕所

chemisch toilet

儿童房
kinderkamer

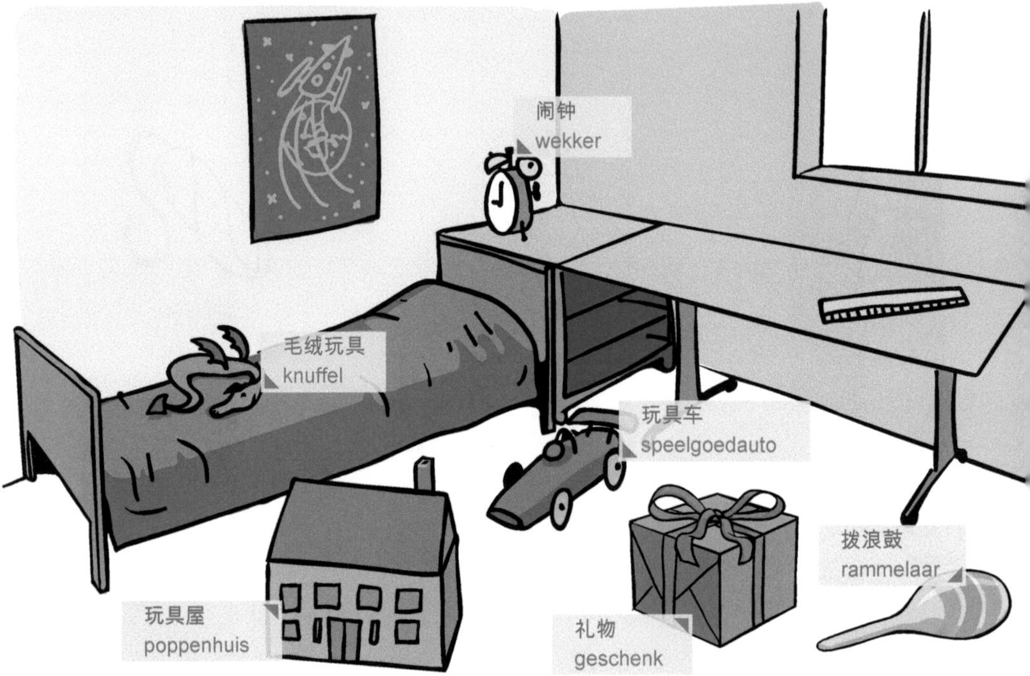
闹钟
wekker
毛绒玩具
knuffel
玩具车
speelgoedauto
拨浪鼓
rammelaar
玩具屋
poppenhuis
礼物
geschenk

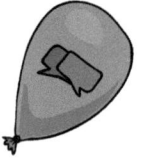

气球
ballon

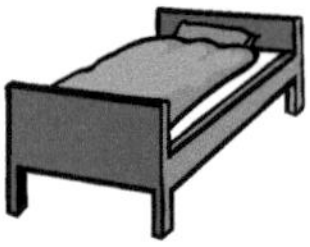

床
bed

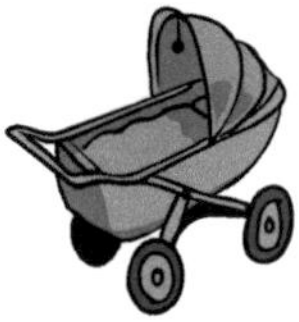

（洋娃娃用）婴儿车
kinderwagen

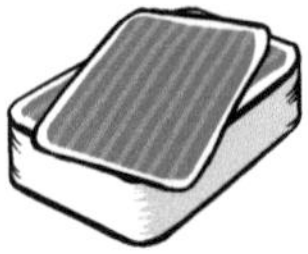

扑克牌
spel kaarten

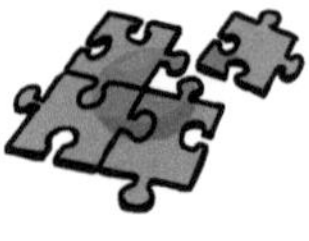

拼图
puzzel

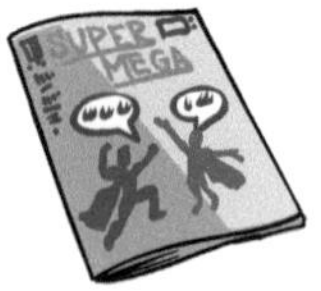
SUPER MEGA

漫画
stripboek

乐高积木

legoblokjes

积木玩具

blokken

玩具人

actiefiguur

婴儿服

kruippakje

飞盘

frisbee

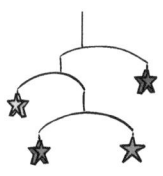

床铃玩具

mobiel

棋盘游戏

bordspel

骰子

dobbelsteen

火车模型

modelspoorweg

安抚奶嘴

fopspeen

聚会

feest

绘本

prentenboek

球

bal

洋娃娃

pop

玩

spelen

沙坑

zandbak

秋千

schommel

玩具

speelgoed

游戏机

spelconsole

三轮车

driewieler

泰迪熊

knuffelbeer

衣柜

kleerkast

衣服

kleding

袜子

sokken

长袜

kousen

紧身裤

maillot

围巾
sjaal

皮带
riem

雨伞
paraplu

T恤
T-shirt

靴子
laarzen

拖鞋
slippers

运动鞋
sneakers

凉鞋	鞋	雨靴
sandalen	schoenen	rubberlaarzen

内裤	胸罩	背心
onderbroek	beha	onderhemd

衣服 - kleding   45

身体
lichaam

裤子
broek

牛仔裤
jeans

短裙
rok

女式衬衫
blouse

衬衫
hemd

套头衫
trui

卫衣
capuchontrui

西装夹克
blazer

夹克
jas

外套
jas

雨衣
regenjas

套装
kostuum

连衣裙
jurk

婚纱
trouwjurk

衣服 - kleding

西装
pak

睡袍
nachthemd

睡衣
pyjama

莎丽
sari

头巾
hoofddoek

包头巾
tulband

波卡
boerka

卡夫坦
kaftan

(阿拉伯式)长袍
abaya

泳衣
badpak

男式泳裤
zwembroek

短裤
short

运动服
trainingspak

围裙
schort

手套
handschoenen

纽扣

knoop

眼镜

bril

手链

armband

项链

ketting

戒指

ring

耳环

oorbel

便帽

pet

衣架

kapstok

帽子

hoed

领带

das

拉链

rits

头盔

helm

背带

bretellen

校服

schooluniform

制服

uniform

围兜

slabbetje

安抚奶嘴

fopspeen

尿不湿

luier

办公室
kantoor

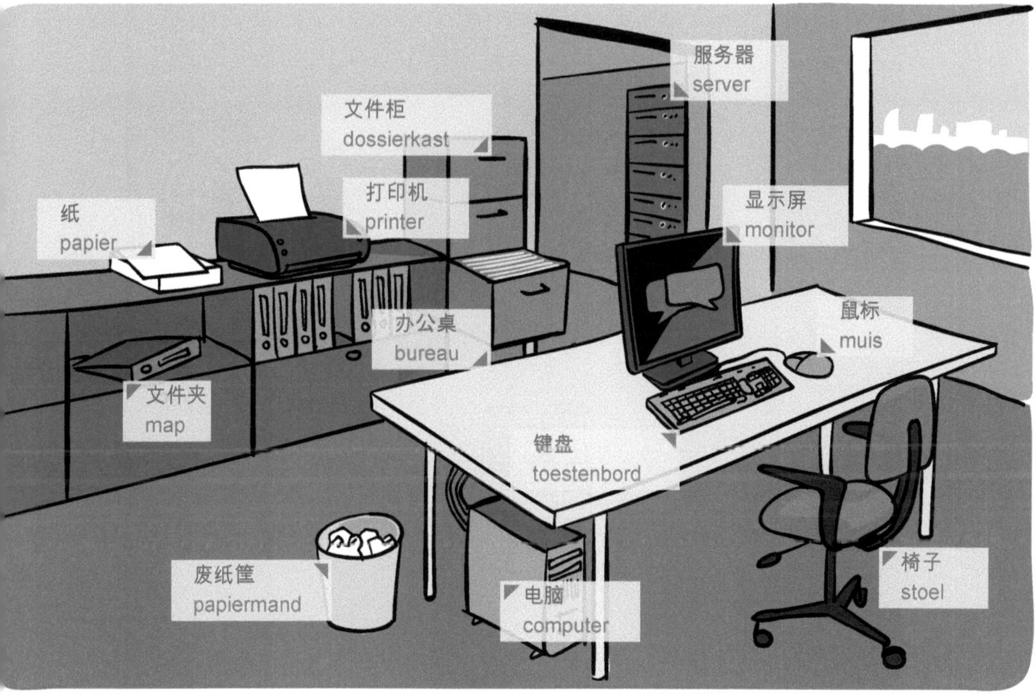

服务器
server

文件柜
dossierkast

打印机
printer

显示屏
monitor

纸
papier

办公桌
bureau

鼠标
muis

文件夹
map

键盘
toestenbord

废纸筐
papiermand

电脑
computer

椅子
stoel

咖啡杯

koffiemok

计算器

rekenmachine

因特网

internet

笔记本电脑
laptop

信件
brief

消息
bericht

手机
gsm

网络
netwerk

复印机
kopieerapparaat

软件
software

电话
telefoon

插座
stopcontact

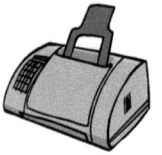

传真机
fax

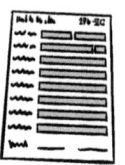

表格
formulier

文件
document

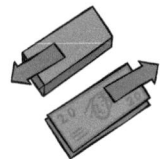

买

kopen

付钱

betalen

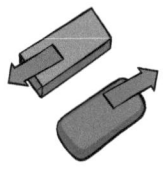

交易

handelen

现金

geld

美元

dollar

欧元

euro

日元

yen

卢布

roebel

瑞士法郎

Zwitserse frank

人民币

Chinese renminbi

卢比

roepie

提款处

geldautomaat

外币兑换处

wisselkantoor

金

goud

银

zilver

石油

olie

能源

energie

价格

prijs

合同

contract

税金

belasting

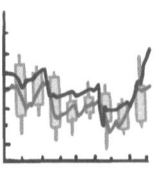

股票

aandeel

工作

werken

职员

werknemer

老板

werkgever

工厂

fabriek

商店

winkel

警官
politieagent

消防员
brandweerman

厨师
kok

医生
dokter

飞行员
piloot

园丁

tuinman

木匠

timmerman

裁缝

naaister

法官

rechter

化学家

chemicus

演员

acteur

公交车司机

buschauffeur

出租车司机

taxichauffeur

渔夫

visser

清洁女工

schoonmaakster

屋顶工

dakdekker

服务员

ober

猎人

jager

画家

schilder

面包师

bakker

电工

elektricien

建筑工人

bouwvakker

工程师

ingenieur

屠夫

slager

水管工

loodgieter

邮递员

postbode

士兵

soldaat

建筑师

architect

收银员

kassier

花农

bloemist

理发师

kapper

售票员

conducteur

机械师

mecanicien

船长

kapitein

牙医

tandarts

科学家

wetenschapper

拉比

rabbijn

伊玛目

imam

和尚

monnik

牧师

geestelijke

工具
werktuigen

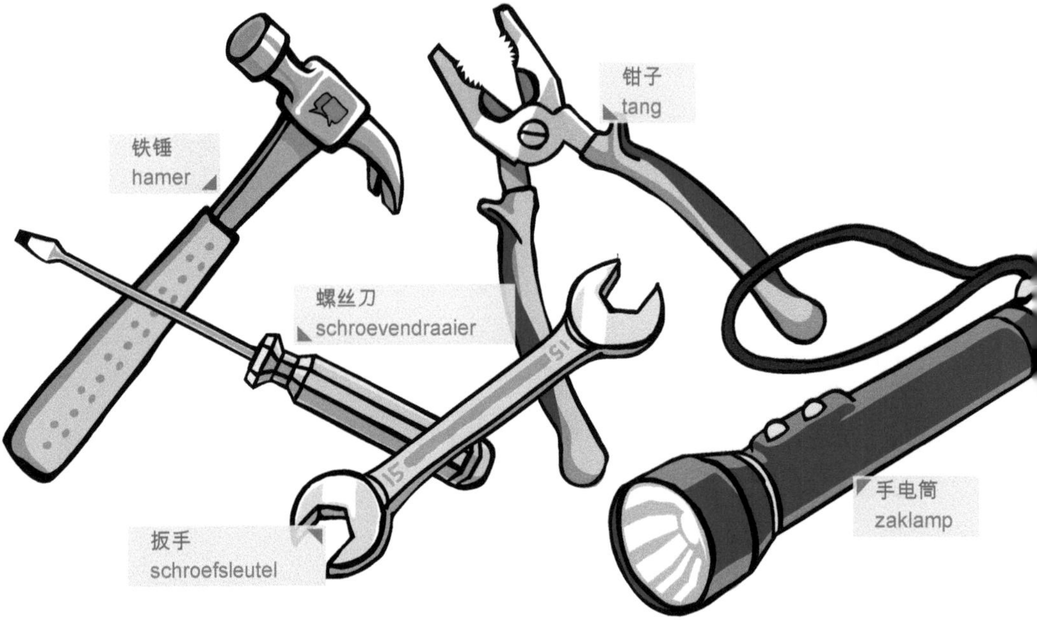
钳子
tang
铁锤
hamer
螺丝刀
schroevendraaier
手电筒
zaklamp
扳手
schroefsleutel

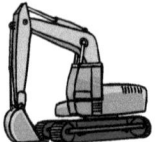

挖掘机

graafmachine

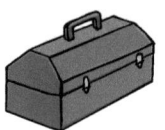

工具箱

gereedschapskoffer

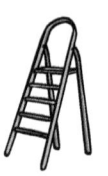

梯子

ladder

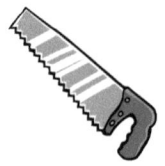

锯子

zaag

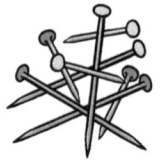

钉子

spijkers

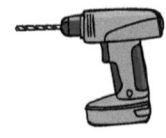

钻机

boormachine

修
repareren

铲子
schop

靠！
Verdomme!

簸箕
blik

油漆桶
verfpot

螺丝
schroeven

乐器
muziekinstrumenten

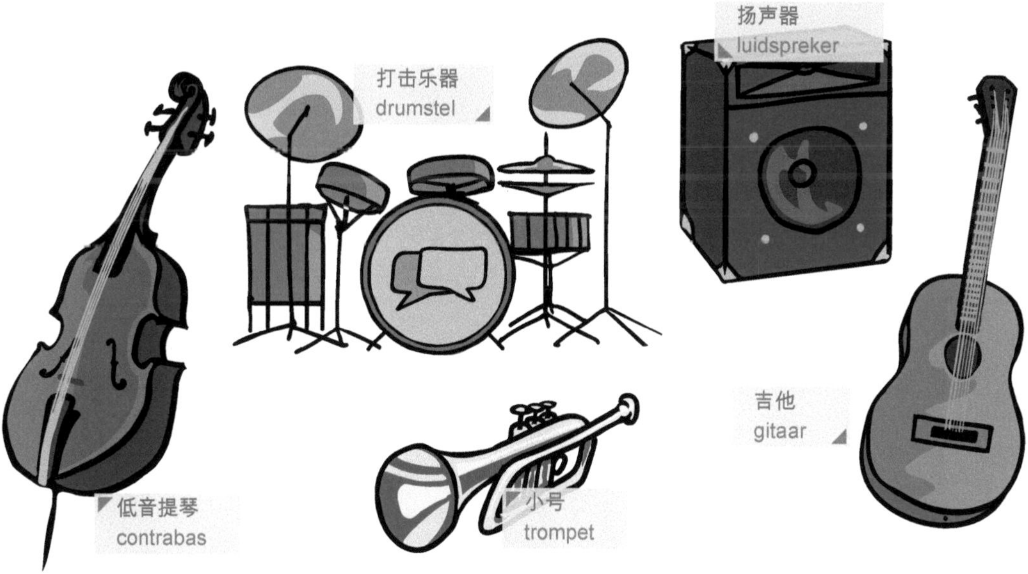

打击乐器
drumstel

扬声器
luidspreker

吉他
gitaar

低音提琴
contrabas

小号
trompet

钢琴
piano

小提琴
viool

贝斯
basgitaar

定音鼓
pauk

鼓
trommels

电子琴
keyboard

萨克斯管
saxofoon

长笛
fluit

麦克风
microfoon

动物园

ZOO

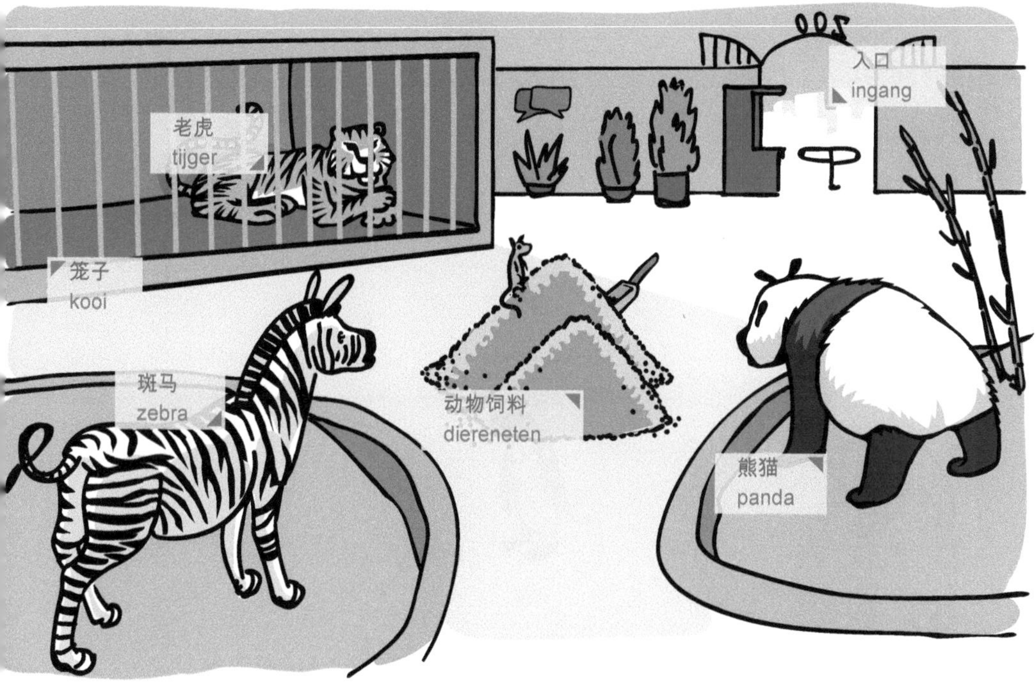

入口
ingang
老虎
tijger
笼子
kooi
斑马
zebra
动物饲料
diereneten
熊猫
panda

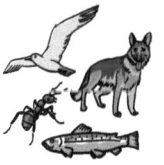

动物
dieren

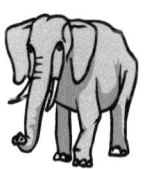

大象
olifant

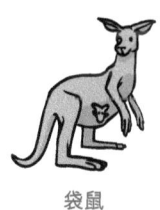

袋鼠
kangoeroe

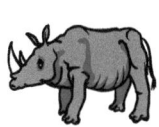

犀牛
neushoorn

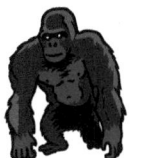

大猩猩
gorilla

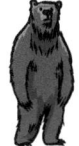

熊
beer

骆驼

kameel

蛇鸟

struisvogel

狮子

leeuw

猴子

aap

火烈鸟

flamingo

鹦鹉

papegaai

北极熊

ijsbeer

企鹅

pinguïn

鲨鱼

haai

孔雀

pauw

蛇

slang

鳄鱼

krokodil

动物园管理员

dierenverzorger

海豹

zeehond

美洲豹

jaguar

矮种马
pony

豹
luipaard

河马
nijlpaard

长颈鹿
giraffe

老鹰
adelaar

野猪
wild zwijn

鱼
vis

龟
zeeschildpad

海象
walrus

狐狸
vos

羚羊
gazelle

橄榄球
rugby

骑自行车
wielrennen

网球
tennis

篮球
basketbal

游泳
zwemmen

冰球
ijshockey

拳击
boksen

英式足球
voetbal

羽毛球
badminton

田径
atletiek

手球
handbal

滑雪
skiën

马球
polo

跳
springen

拥抱
knuffelen

笑
lachen

走路
wandelen

唱
zingen

祈祷
bidden

亲吻
kussen

做梦
dromen

书写
schrijven

画
tekenen

展示
tonen

推
duwen

给
geven

拿
nemen

有
hebben

做
doen

当
zijn

站
staan

跑
lopen

拉
trekken

扔
gooien

摔倒
vallen

躺
liggen

等待
wachten

携带
dragen

坐
zitten

穿衣
aankleden

睡觉
slapen

醒来
ontwaken

看
kijken naar

哭
wenen

抚摸
aaien

梳头
kammen

交谈
praten

明白
begrijpen

问
vragen

听
luisteren

喝
drinken

吃
eten

清理
opruimen

爱
houden van

做饭
koken

开车
rijden

飞
vliegen

航行

zeilen

计算

rekenen

读

Lezen

学习

leren

工作

werken

结婚

trouwen

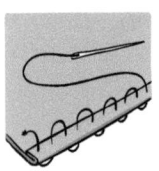

缝

naaien

刷牙

tandenpoetsen

杀

doden

抽烟

roken

寄

sturen

祖母
grootmoeder

婴童
baby

母亲
moeder

祖父
grootvader

父亲
vader

女儿
dochter

儿子
zoon

客人

gast

阿姨

tante

叔叔

oom

兄弟

broer

姐妹

zus

身体

lichaam

前额
voorhoofd
眼睛
oog
肩膀
schouder
手指
vinger
脸
gezicht
下巴
kin
手
hand
腿
been
乳房
borst
手臂
arm

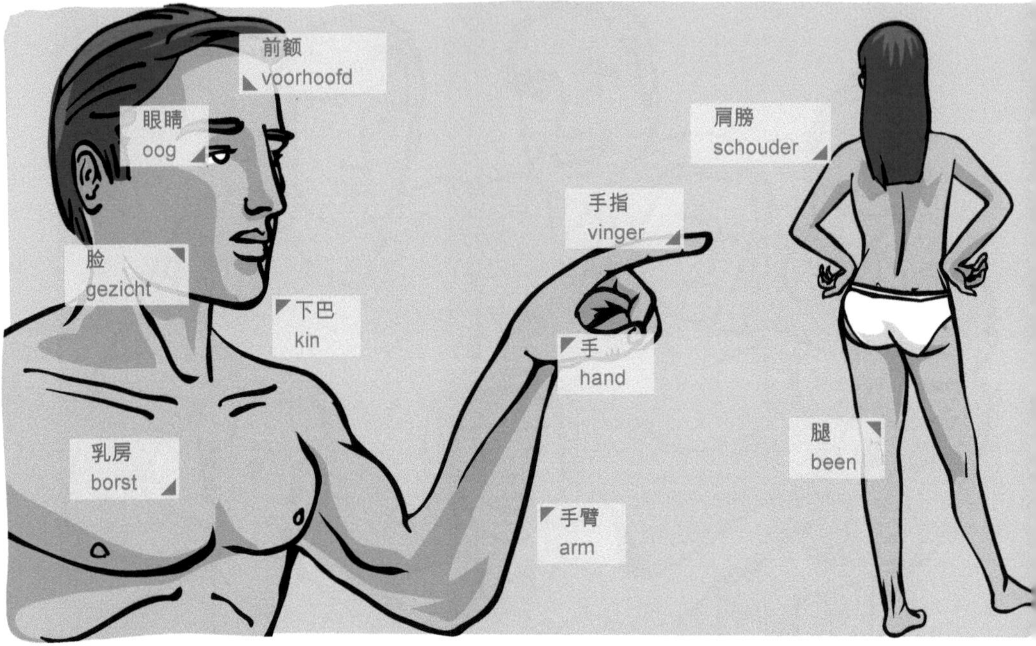

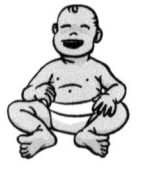

婴童

baby

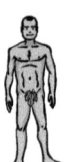

男人

man

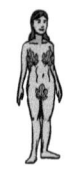

女人

vrouw

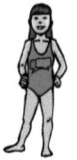

女孩

meisje

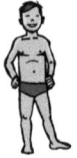

男孩

jongen

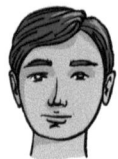

头

hoofd

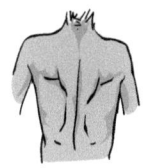

背部
rug

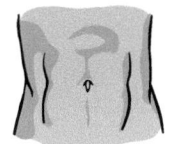

肚子
buik

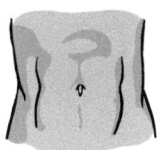

肚脐
navel

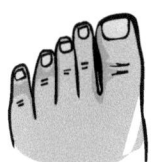

脚趾
teen

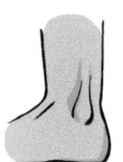

脚后跟
hiel

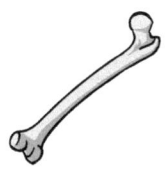

骨头
bot

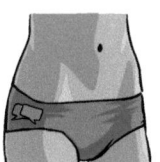

臀部
heup

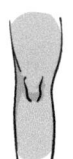

膝盖
knie

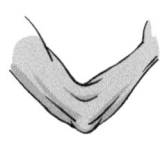

手肘
elleboog

鼻子
neus

屁股
zitvlak

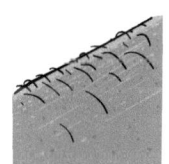

皮肤
huid

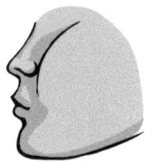

脸颊
wang

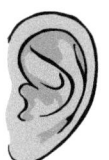

耳朵
oor

嘴唇
lip

身体 - lichaam

嘴

mond

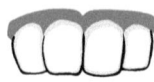

牙齿

tand

舌头

tong

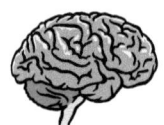

脑

hersenen

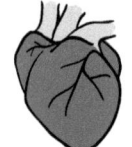

心脏

hart

肌肉

spier

肺

long

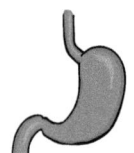

肝脏

lever

胃

maag

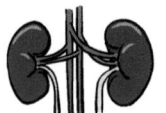

肾脏

nieren

性交

seks

避孕套

condoom

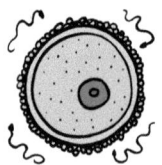

卵子

eicel

精子

sperma

怀孕

zwangerschap

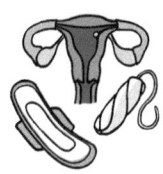

月经

menstruatie

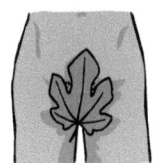

阴道

vagina

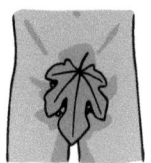

阴茎

penis

眉毛

wenkbrauw

头发

haar

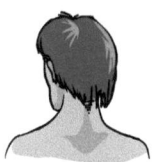

脖子

nek

医院

ziekenhuis

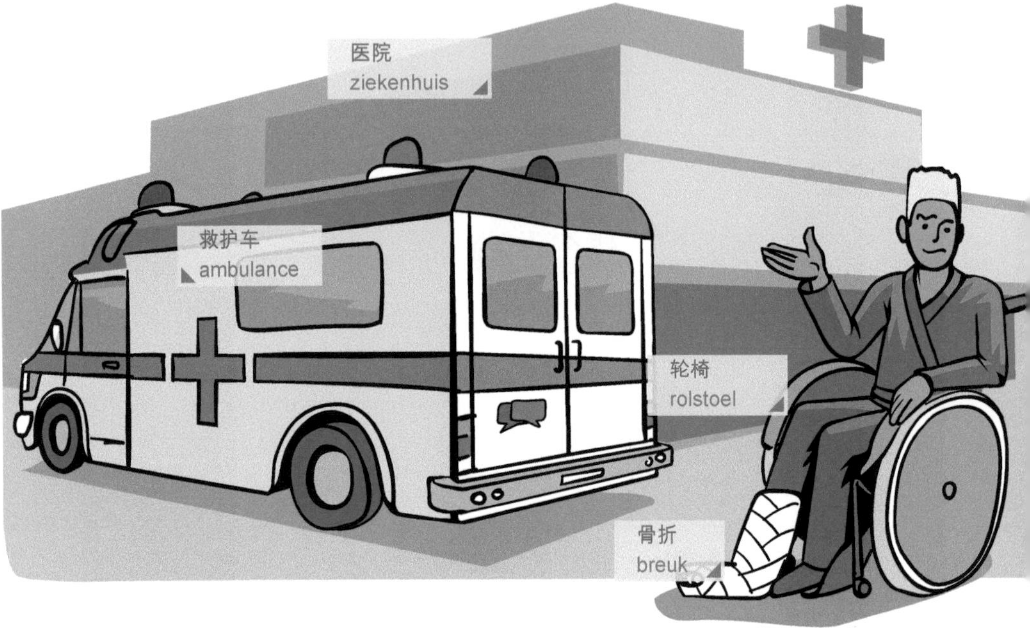

医院
ziekenhuis
救护车
ambulance
轮椅
rolstoel
骨折
breuk

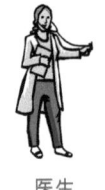

医生

dokter

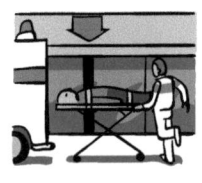

急诊室

spoed

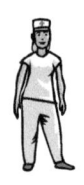

护士

verpleegkundige

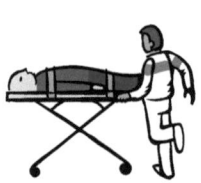

紧急情况

noodgeval

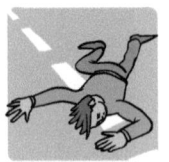

昏迷

bewusteloos

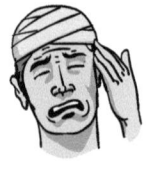

痛

pijn

受伤

verwonding

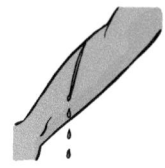

出血

bloeding

心脏病发作

hartaanval

中风

beroerte

过敏

allergie

咳嗽

hoest

发烧

koorts

流感

griep

腹泻

diarree

头痛

hoofdpijn

癌症

kanker

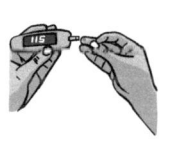

糖尿病

diabetes

外科医生

chirurg

手术刀

scalpel

手术

operatie

CT

CT

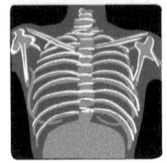

X光

röntgenstraal

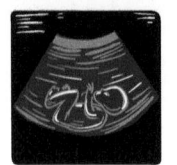

超声波

ultrageluid

口罩

gezichtsmasker

疾病

ziekte

候诊室

wachtkamer

拐杖

kruk

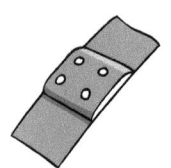

石膏

pleister

绷带

verband

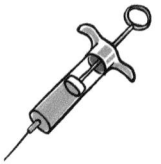

注射

injectie

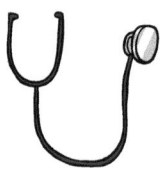

听诊器

stethoscoop

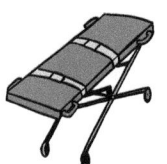

担架

brancard

体温计

thermometer

出生

geboorte

超重

overgewicht

医院 - ziekenhuis

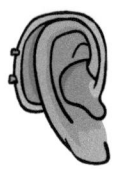

助听器

hoorapparaat

消毒液

ontsmettingsmiddel

感染

infectie

病毒

virus

艾滋病

HIV / AIDS

药物

medicijn

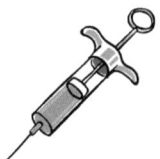

接种疫苗

vaccinatie

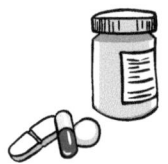

药片

tabletten

药丸

pil

急救电话

noodoproep

血压计

bloeddrukmeter

生病/健康

ziek / gezond

救命！

Help!

警报

alarm

突击

overval

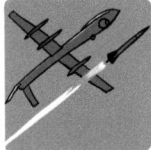

攻击

aanval

危险

gevaar

紧急出口

nooduitgang

着火啦！

Brand!

灭火器

brandblusser

意外

ongeval

急救箱

EHBO-kit

呼救信号

SOS

警察

politie

欧洲

Europa

北美洲

Noord-Amerika

南美洲

Zuid-Amerika

非洲

Afrika

亚洲

Azië

澳洲

Australië

大西洋

Atlantische Oceaan

太平洋

Stille Oceaan

印度洋

Indische Oceaan

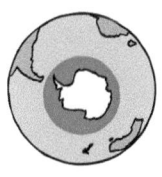

南冰洋

Antarctische Oceaan

北冰洋

Arctische Oceaan

北极

Noordpool

南极
Zuidpool

南极洲
Antarctica

地球
aarde

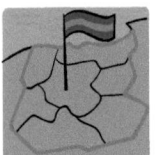

陆地
land

海
zee

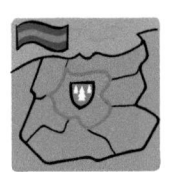

岛
eiland

国家
natie

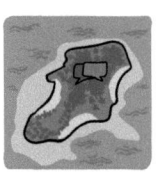

国家
staat

地球 - aarde

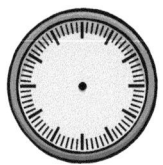

钟面

wijzerplaat

时针

uurwijzer

分针

minuutwijzer

秒针

secondewijzer

现在几点？

Hoe laat is het?

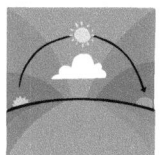

天

dag

时间

tijd

现在

nu

电子表

digitale horloge

分

minuut

时

uur

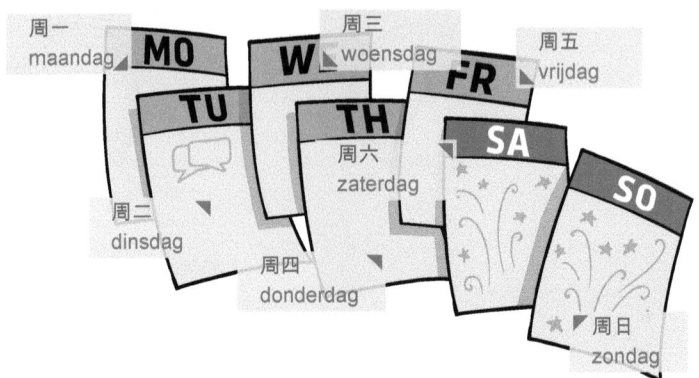

周一 maandag — 周三 woensdag — 周五 vrijdag

周二 dinsdag — 周六 zaterdag — 周四 donderdag — 周日 zondag

昨天

gisteren

今天

vandaag

明天

morgen

早晨

ochtend

中午

middag

晚上

avond

工作日

werkdagen

周末

weekend

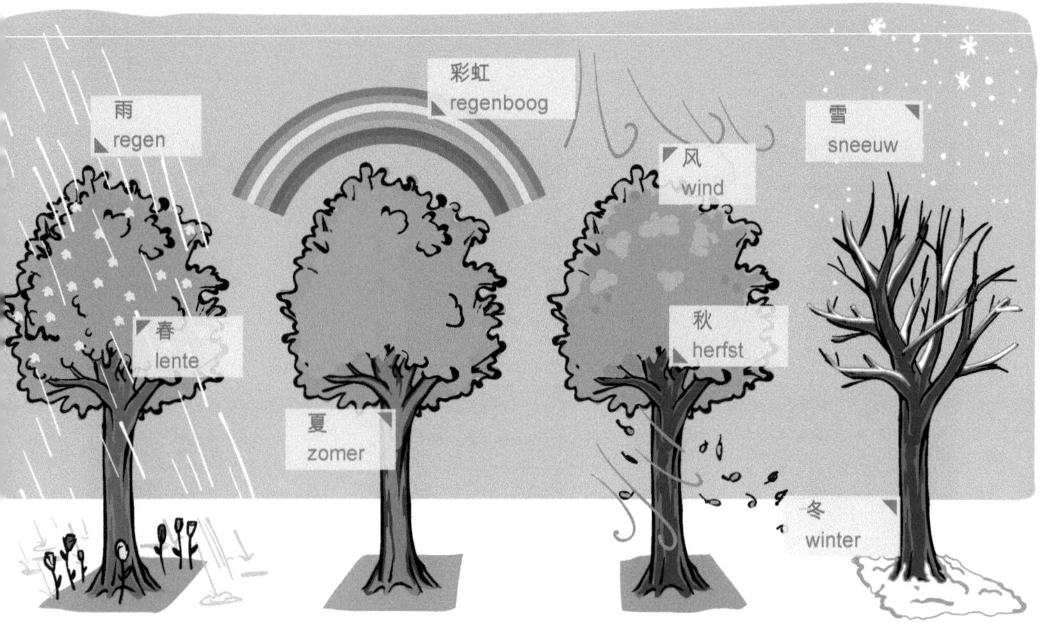

雨
regen

彩虹
regenboog

风
wind

雪
sneeuw

春
lente

秋
herfst

夏
zomer

冬
winter

天气预报

weervoorspelling

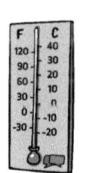

温度计

thermometer

阳光

zonneschijn

云

wolk

雾

mist

潮湿

vochtigheid

闪电

bliksem

打雷

donder

风暴

storm

冰雹

hagel

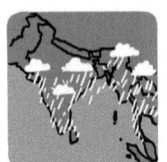

季风

moesson

洪水

overstroming

冰

ijs

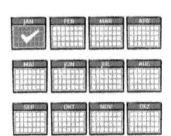

一月

januari

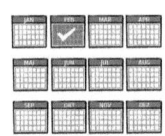

二月

februari

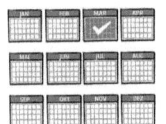

三月

maart

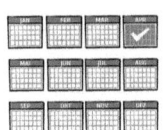

四月

april

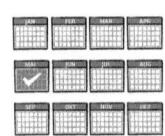

五月

mei

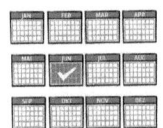

六月

juni

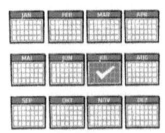

七月

juli

八月

augustus

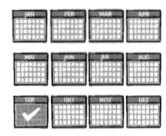

九月
....
september

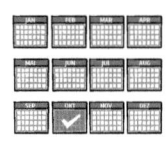

十月
....
oktober

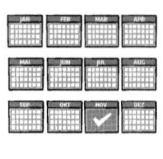

十一月
....
november

十二月
....
december

形状
vormen

圆形
....
cirkel

正方形
....
kwadraat

长方形
....
rechthoek

三角形
....
driehoek

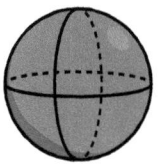

球体
....
bol

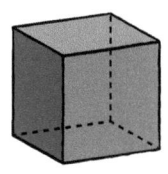

立方体
....
kubus

白
....
wit

黄
....
geel

橙
....
oranje

粉
....
roze

红
....
rood

紫
....
paars

蓝
....
blauw

绿
....
groen

棕
....
bruin

灰
....
grijs

黑
....
zwart

很多/少许

veel / weinig

生气/平静

boos / kalm

美/丑

mooi / lelijk

首/尾

begin / einde

大/小

groot / klein

明/暗

licht / donker

兄弟/姐妹

broer / zus

干净/肮脏

proper / vuil

完整/缺失

volledig / onvolledig

白天/晚上

dag / nacht

死/生

dood / levend

宽/窄

breed / smal

可食用/非食用

eetbaar / oneetbaar

邪恶/善良

kwaadaardig / vriendelijk

兴奋/无聊

opgewonden / verveeld

胖/瘦

dik / dun

第一/最后

eerst / laatst

朋友/敌人

vriend / vijand

满/空

vol / leeg

硬/软

hard / zacht

重/轻

zwaar / licht

饿/渴

honger / dorst

生病/健康

ziek / gezond

非法/合法

illegaal / legaal

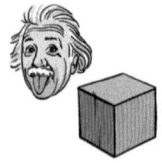

聪明/愚笨

intelligent / dom

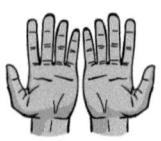

左/右

links / rechts

近/远

dichtbij / veraf

新/旧

nieuw / gebruikt

没有/有些

niets / iets

老/幼

oud / jong

开/关

aan / uit

打开/合上

open / dicht

安静/吵闹

stil / luid

富/穷

rijk / arm

对/错

juist / fout

粗糙/光滑

ruw / glad

伤心/高兴

droevig / blij

短/长

kort / lang

慢/快

traag / snel

湿/干

nat / droog

温暖/凉爽

warm / koud

战争/和平

oorlog / vrede

数字
cijfers

0

零
nul

1

一
één

2

二
twee

3

三
drie

4

四
vier

5

五
vijf

6

六
zes

7

七
zeven

8

八
acht

9

九
negen

10

十
tien

11

十一
elf

12

十二

twaalf

13

十三

dertien

14

十四

veertien

15

十五

vijftien

16

十六

zestien

17

十七

zeventien

18

十八

achtien

19

十九

negentien

20

二十

twintig

100

百

honderd

1.000

千

duizend

1.000.000

百万

miljoen

英语
....
Engels

美式英语
....
Amerikaans Engels

普通话
....
Chinees (Mandarijn)

印地语
....
Hindi

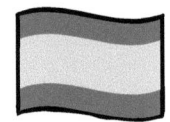

西班牙语
....
Spaans

法语
....
Frans

阿拉伯语
....
Arabisch

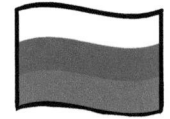

俄语
....
Russisch

葡萄牙语
....
Portugees

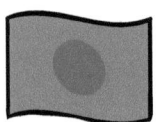

孟加拉语
....
Bengali

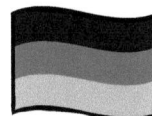

德语
....
Duits

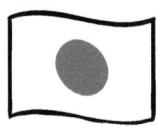

日语
....
Japans

我

ik

你

u

他/她/它

hij / zij / het

我们

wij

你们

u

他们

ze

谁？

wie?

什么？

wat?

怎样？

hoe?

哪里？

waar?

什么时候？

wanneer?

名字

naam

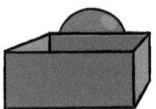

后面

achter

里面

in

前面

voor

上方

boven

上面

op

下面

onder

旁边

naast

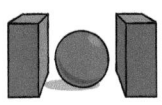

中间

tussen

地点

plaats